ÉLOGE FUNÈBRE

de M. l'Abbé EUSTACHE

Doyen du Clergé du Diocèse de Montpellier

PRONONCÉ

DANS L'ÉGLISE DE MARAUSSAN

LE JOUR DE SES OBSÈQUES

PAR M. L'ABBÉ BOUSQUET

CURÉ-ARCHIPRÊTRE DE SAINT-NAZAIRE, A BÉZIERS.

1883

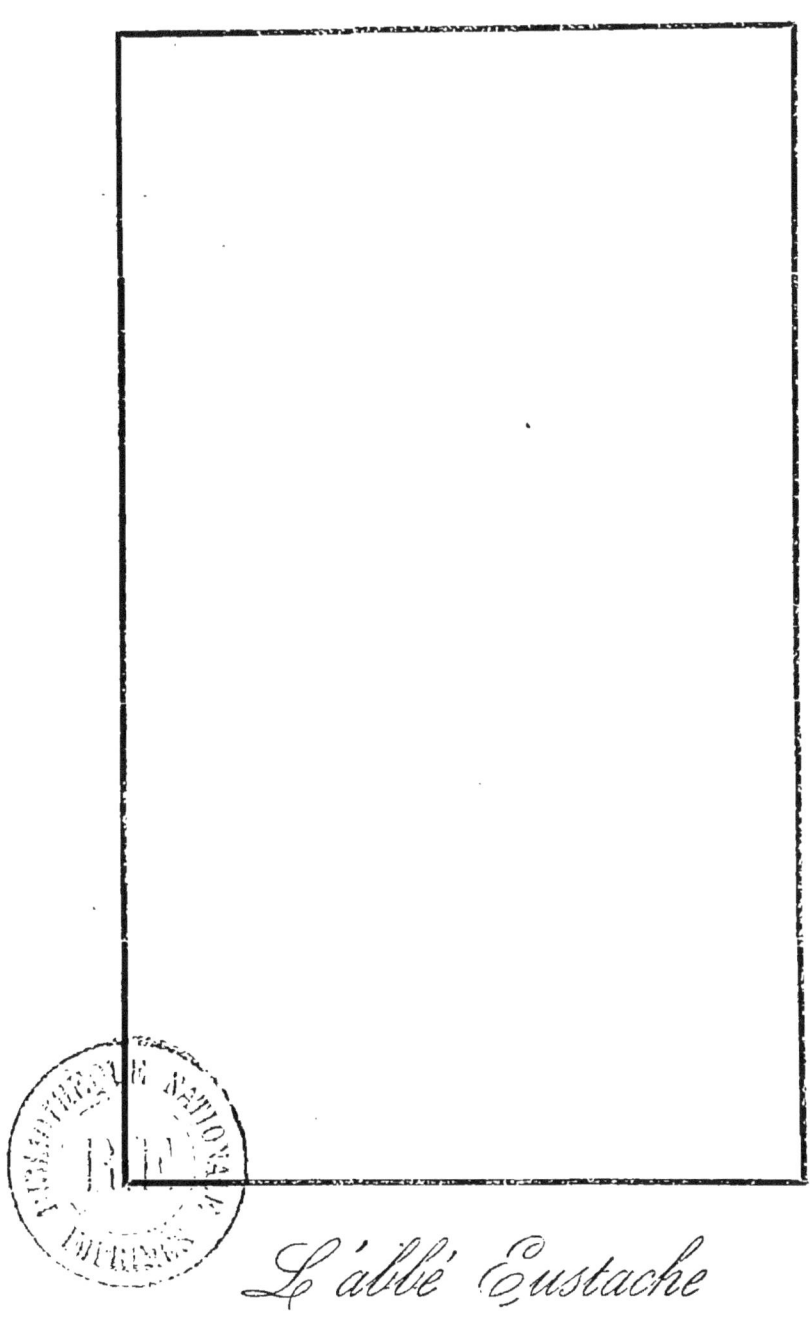

L'abbé Eustache

CHANOINE HONORAIRE
CHEVALIER DE LA LÉGION D'HONNEUR.
NÉ A BÉZIERS LE 28 FÉVRIER 1791
CURÉ DE MARAUSSAN LE 10 AVRIL 1820
décédé à Maraussan le 24 octobre 1883.

> *Corona dignitatis, senectus quæ in viis*
> *justitiæ reperietur.*
> La vieillesse qui termine une longue carrière
> de justice, est une couronne d'honneur.
> (PROVERBES. chap. XVI, vers. 31.)

MES CHERS FRÈRES,

Cette couronne d'honneur, notre vénéré et dernier évêque, Monseigneur Le Courtier, juste et sévère appréciateur du mérite, l'avait prématurément déposée sur le front de votre si regretté pasteur, en faisant attacher sur sa modeste poitrine les insignes de la décoration. Cette couronne d'honneur, devenue aujourd'hui une couronne funèbre, l'ange de la mort a attendu 93 ans révolus, pour la déposer avec respect sur cette noble tête blanchie dans les épreuves de la vie. Cette couronne d'honneur, une famille éplorée au nom de tous ses membres absents, une paroisse en deuil viennent tristement et dévotement la déposer sur un cercueil qui va se fermer à jamais.

Je viens moi-même, au nom de la ville de Béziers qui lui donna naissance, au nom de la paroisse Saint-Nazaire qui le vit exercer les fonctions vicariales ; je viens surtout, au nom de notre bon et sympathique Évêque, qui veut bien me choisir pour son représentant officiel et pour le délégué de tous les prêtres du diocèse, je viens, tout ému, la déposer, cette couronne d'honneur, sur la dépouille mortelle de celui qui fut le digne et vénérable Doyen de tout notre Clergé.

Mais, au moment d'ouvrir la bouche, il me semble voir cet homme si modeste se ranimer un instant, et me dire avec ce geste qui lui était si familier : Mon cher ami, de grâce ne parlez pas de moi !...

Bon Père, je vous obéirai ; à cause de la vénération profonde que j'ai toujours professée pour vous, je ne dirai que quelques mots. Du reste, Mes Frères, pourquoi le porter dans cette chaire ? Son éloge funèbre, je le lis clairement sur vos fronts, dans vos yeux attendris ; il se produit dans vos rues désertées en ce moment, il éclate dans les mouvements confus de cette foule attristée. Voilà la véritable et l'authentique oraison funèbre de votre cher pasteur. En essayant de la faire à mon tour, je ne serai qu'un bien faible et bien peu fidèle écho.

Mes Frères, obligé à resserrer mes pensées dans quelques brefs et rapides développements, je vous dirai simplement que votre pasteur vénéré a été, dans sa vie sacerdotale, *homo Dei ad omne opus bonum instructus*, l'homme de Dieu, toujours prêt à accomplir fidèlement ses volontés souveraines, dans toutes les missions que l'obéissance pouvait lui confier. En lui, pas de volonté propre, pas de choix personnel: tout à la disposition de ses supérieurs, volontiers, comme le serviteur de l'Évangile, il aurait accepté, exécuté tous les ordres et tous les commandements. Venez ici, et il vient; allez ailleurs, et il y va; faites ceci, et il le fait: *Veni et venit, fac hoc et facit.*

Ce devoir que l'obéissance lui faisait si bénévolement accepter, il l'accomplissait en prêtre bon, simple, fidèle, pieux et zélé. Partout on le retrouvait avec cette même perfection de vie; à la chaire, au confessionnal, dans sa stalle, jusque dans les rues et sur les places publiques, et surtout au saint autel. Il fut toujours un modèle d'exactitude, de régularité, un vrai miroir de modestie, d'édification et de tendre piété.

La vertu du prêtre éclatait dans sa tenue, dans ses manières, dans toutes ses démarches. Sa physionomie si avenante et tout son extérieur si simple reflétaient, de la façon la moins équivoque, le caractère sacerdotal. Cela est si vrai, que, malgré les temps difficiles et troublés traversés par votre digne pasteur, partout et toujours, dans nos cités et jusque sur nos grandes routes, sa vue seule inspirait un sympathique respect, chacun volontiers s'inclinait devant lui, certain de saluer un bon prêtre.

Du reste, un seul fait nous révèle de quelle façon il a compris et rempli en tout temps sa mission sacerdotale.

M. Eustache a exercé le saint ministère pendant 70 années révolues, entendons-le bien, quatorze lustres bien complets. Or, dans ce long espace de temps, il n'a occupé que deux emplois, deux positions, et c'est tout. Il fut vicaire à Saint-Nazaire pendant sept ans, et curé à Maraussan pendant 63 ans. Ce fait seul proclame, de la manière la plus palpable et la plus évidente, qu'en lui on a vraiment rencontré le prêtre, puisqu'on l'a toujours si bien recherché, si bien accueilli, si bien goûté, si bien gardé.

Homme de Dieu, *homo Dei*, dans son ministère sacerdotal, nous pouvons dire que M. Eustache fut l'homme de tous dans son commerce extérieur et ses relations sociales. Ici, l'Esprit-Saint me fournit encore un texte qui le dépeint admirablement : *Amator fratrum et populi*. Il fut le meilleur ami de ses frères et de tous ses proches. Cette famille si respectable, et devenue avec le temps si nombreuse dans ses divers rameaux, M. Eustache en a été vraiment le charme, l'attrait, le centre, le cœur et le foyer. Auprès de lui, tous se sont entendus, unis ou rapprochés. Ici, tous retrouvaient, pour ainsi dire, leur nid et leur berceau ; tous chérissaient ce bon patriarche comme des enfants, parce que tous retrouvaient en lui toutes les tendresses et tous les dévouements paternels.

Ami de sa famille, M. Eustache fut aussi l'ami de tous ses frères dans le sacerdoce, *amator fratrum*. Il n'est pas dans le diocèse un seul prêtre qui l'ait connu, sans lui demeurer vivement affectionné.

Ami, dévoué, complaisant pour tout le monde, M. Eustache n'avait qu'une seule crainte, celle de ne pas remplir suffisammeut ses obligations et son devoir vis-à-vis de chacnn. Aussi, jusque dans ces dernières années, malgré les glaces de la vieillesse, on le trouvait dans nos rues, on le surprenait sur nos grands chemins, on le voyait arrêté, heurtant à toutes les portes où il croyait avoir à solder des consolations, des félicitations et surtout des condoléances plus ou moins obligées.

O mon vénérable ami, consolez-vous ! Tous vos devoirs envers Dieu, vous les avez scrupuleusement remplis. Mais n'ayez pas la moindre inquiétude pour vos devoirs envers le prochain ; vous n'avez fait vos adieux à ce bas-monde, qu'après avoir surabondamment acquitté vos dettes vis-à-vis des créanciers les plus difficiles et les plus rigoureux.

Homme de tous dans ses relations sociales, **M.** Eustache s'est montré tout particulièrement l'homme de votre beau pays, l'homme de Maraussan. Ici, nous n'avons qu'à reprendre et à continuer le texte de nos Saints Livres : *Hic est qui multùm orat pro populo, et pro universa civitate sancta :* Voilà celui qui prie sans cesse pour son peuple et pour toute la cité. Maraussan! c'est là sa demeure, sa seconde patrie, son habitation de choix : *Hic habitabo, quoniam elegi.* Maraussan lui devient plus cher encore que son berceau natal. Il y établit sa maison, sa retraite, son foyer, son sanctuaire béni : *civitate sancta.* Il y concentre, il y perpétue tous les efforts de son zèle, toutes les grâces de son ministère pastoral. Pendant soixante-trois années consécutives, il y dépensera toutes les affections de son cœur.

Maraussan ! c'est là sa vraie famille. Il les a tous baptisés, tous unis dans les liens sacrés du mariage, tous accompagnés jusqu'à la tombe. Dans le même foyer il retrouve parfois jusqu'à sept générations ondoyées et sanctifiées par sa main de prêtre et de pasteur.

Aussi, qui pourrait dire la puissance, la vivacité, la tendresse de ses affections pour tout ce peuple si longtemps cultivé par son zèle ?

Mes Frères, nous avons tous assez d'expérience

de la vie pour être assurés que l'on n'exerce pas durant plus d'un demi-siècle, sans plainte et sans reproche, le ministère difficile des paroisses, sans être supérieurement noté au chef lieu ecclésiastique, sans que les chefs de l'administration diocésaine ne vous signalent pour des postes plus élevés, sans qu'ils ne soient portés à vous dire : *Amice, ascende superiùs* : Mon ami, montez plus haut. Cette invitation a été plus d'une fois adressée à votre vénéré pasteur ; mais toujours *amor triumphat*, l'amour qu'il avait pour vous a triomphé de toutes les insistances de ses supérieurs. Lui, l'homme si simple et si soumis, il a trouvé le secret, le ressort, le courage d'une résistance respectueuse, mais obstinée, dans l'affection dont il fut pénétré pour vous tous : *amor triumphat*.

Mes Frères, nous avons tous assez d'expérience de la vie, pour demeurer convaincus pleinement que l'on n'exerce pas une mission rude et difficile pendant soixante-trois années, dans le même sillon paroissial, sans y rencontrer fatalement des ronces et des épines qui ensanglantent les mains et déchirent les vêtements. Eh bien! Chers Frères, malgré vos qualités heureuses auxquelles je rends un parfait hommage, votre pasteur si regretté a fait sûrement, ici, cette triste et inévitable rencontre. Alors, tout naturellement, un cri spontané a dû s'élancer dans son cœur ulcéré : *Mutemur in melius;* changeons pour trouver un plus doux oreiller. Mais non ! *amor triumphat,* l'amour qu'il vous portait a fait triompher M. Eustache de ses peines, de ses ennuis, de ses déchirements. Les épines elles-mêmes sont devenues de nouveaux liens, qui l'ont encore plus étroitement enchaîné à son cher Maraussan.

Il vous aimait, Mes Frères ! Aussi dans des temps troublés comme les nôtres, où tant de malentendus divisent les meilleurs cœurs et font jeter du discrédit sur toutes les intentions, il lui est arrivé parfois d'entendre mal parler de vous, de voir incriminer vos actes ou vos sentiments. Oh ! alors, lui, si doux, il se révoltait. Non, disait-il ; de grâce, n'en dites pas du mal ! je les connais, ce sont mes enfants ; je vous assure qu'ils sont bons et qu'ils ne méritent en aucune sorte vos injustes qualifications.

Il vous aimait ! Aussi, comme Jésus son bon Maître, dans des circonstances amères, le cœur navré, il pourra bien pleurer sur sa ville de Jérusalem ; mais l'abandonner, mais s'en séparer ! Jamais ! Comme Jésus, il aurait pu consentir à trouver ici son Calvaire ; mais soyez sûrs que, du haut de sa croix, il aurait supplié, avec plus d'amour, pour ces hommes qui, en dépit de tout, seraient demeurés ses plus chers et ses plus tendres enfants.

Pour devenir et demeurer ainsi, pendant soixante-dix ans, l'homme de Dieu dans son ministère sacerdotal, l'homme de tous dans ses relations extérieures, l'homme de Maraussan durant sa longue vie pastorale, M. Eustache a dû posséder et faire éclater au dehors des qualités bien spéciales et bien privilégiées.

Ces qualités, je les résume en deux mots: Constance et bonté. M. Eustache n'a jamais changé. Ceux qui ont eu l'heureuse occasion de le connaître pendant vingt ans, trente ans, cinquante ans, l'ont toujours retrouvé fidèle à lui-même. Au milieu de toutes les fluctuations et de toutes les variations, si fréquentes de nos jours, lui n'a jamais varié un seul instant. On a pu essayer de se constituer son ennemi, il est toujours resté l'ami de tous et de chacun. Immuable dans ses dispositions, *immotus in se*, il est toujours demeuré le même dans ses sentiments, dans ses indulgences, dans ses affections: *idem ipse est*.

Cette constance était rehaussée en lui par un caractère indélébile d'inexprimable bonté. Dieu, mes Frères, ne se plaît pas à nous dire: Je suis le Dieu grand, le Dieu fort, le Dieu terrible; il se délecte à nous répéter: Je suis le bon Dieu! Et c'est ainsi qu'on aime à l'invoquer et à redire de lui, dans tous les temps, dans tous les climats, sous toutes les latitudes : le bon Dieu ! le bon Dieu ! Eh bien ! Mes Frères, parcourez dans tous les sens, adressez-vous à tous les prêtres qui ont connu votre vénéré pasteur : partout, universellement, on vous dira de lui : le bon M. Eustache ! le bon M. Eustache !

Mes Frères, j'eus l'occasion de rencontrer M. Eustache, pour la première fois de ma vie, il y a quinze ou seize ans. Impossible de vous redire l'impression que fit sur moi cette figure si sympathique, cette tête si vénérable, cette expression si naturelle de bonté qui rayonnait sur chacun de ses traits, ce regard si doux et si tendrement affectueux, cette main si loyalement tendue, ces bras qui s'ouvraient si naturellement pour vous presser avec tant d'abandon sur son cœur.

J'étais alors vicaire-général de Monseigneur Le Courtier, qui avait supérieurement le don de se connaître en hommes et en caractères. A mon retour, je redis avec amour mes impressions à notre cher et éminent Évêque. « Mon ami, me répondit-il, je n'ai pas été autrement impressionné que vous à ma première rencontre avec ce digne et vénérable Curé. »

Aussi (je peux le dire mieux que tout autre)

cette tendresse ne s'est pas éteinte ni même affaiblie dans ce grand et noble cœur, en dépit de toutes les séparations et de tous les éloignements. Je ne reçois jamais un mot de notre regretté Archevêque de Sébaste, sans qu'il y ait un souvenir délicat, une exquise parole pour mon cher voisin de Maraussan, qu'il appelle toujours tendrement « son bon petit filleul ».

Telles furent, Mes Frères, en quelques mots, pour lesquels je réclame toute votre indulgence, telles furent les hautes et précieuses qualités de ce prêtre accompli, de ce vieillard vénérable, qui a trouvé le secret d'arracher aujourd'hui tant de larmes de nos yeux.

Aussi, je conçois sans peine les vœux et les désirs de toute une famille si tendrement affectionnée, et plus particulièrement de celui qui fut, entre tous les autres, le fils privilégié de son cœur. Je conçois les désirs de celui qui fut initié par lui aux premières expériences de la vie, auquel il se plut à ouvrir la carrière des sciences ecclésiastiques, plus tard l'entrée de la cléricature et du sacerdoce, et qui demeurera longtemps, dans nos contrées, l'émule et l'héritier de toutes ses éminentes vertus.

Je conçois qu'après avoir trouvé si longtemps auprès de lui la plus douce retraite, un vrai nid de tendresse et de bénédiction, je conçois qu'une dernière séparation leur coûte, et qu'ils réclament la possession et la présence de ces restes vénérés dans leur tombeau de famille.

Mais pourtant, je dois le dire, il me semble voir cette dépouille refroidie se relever un instant sur son cercueil; il me semble voir ce cœur glacé palpiter de nouveau, et cette bouche se rouvrir pour dire à tous que, n'en déplaise à cette famille selon la chair, qu'il a si tendrement aimée, son vrai Benjamin demeure, ici, l'aîné de cette famille spirituelle et paroissiale, qu'il a couvée de ses tendresses pendant soixante-trois années révolues.

Son vrai Benjamin me paraît être celui qui fut le bâton de sa vieillesse, la lumière de ses yeux, le Tobie de ses derniers jours; celui qui pendant vingt années s'est assis à sa table, a partagé son pain, a été le témoin de son zèle, le compagnon fidèle de ses travaux et de ses fatigues, l'auteur et la cause de ses dernières et plus douces joies.

Ah! donc, qu'il repose ce pasteur vénéré au milieu de ces foules qu'il a si longtemps évangélisées et sanctifiées par la grâce des Sacrements divins! Que le cimetière de Maraussan demeure à tout jamais son dortoir béni!

Ici, mieux que partout ailleurs, on pourra graver sur sa tombe: *Hic est amator fratrum et populi:* Ici repose celui qui a tant aimé ses frères, celui qui a tant aimé son peuple. *Hic est qui multum orat pro universa civitate :* Ici repose celui qui a tant prié, et qui supplie si vivement encore pour toute la cité !

Peuple de Maraussan, comme il vous a si bien parlé durant sa vie, quand vous viendrez le visiter dans votre cimetière, il continuera à vous parler encore jusque dans la mort: *defunctus adhuc loquitur.*

Mais surtout, redisons-le encore : *Hic est qui multum orat pro populo et universa civitate.* Aujourd'hui, du sein de l'abîme, s'il est encore retenu dans la prison du Purgatoire (quelle est l'âme, en effet, qui peut se promettre d'aller au Ciel du premier vol?), du sein de cet abîme, s'il ne peut rien pour lui-même, il se montre encore très puissant pour vous. Croyez-le bien, Mes Frères, il offre pour vous à Dieu avec l'amour de son cœur plus ardent que les flammes qui le purifient, il offre ses souffrances et ses douleurs, comme jadis il vous consacra sa vie.

Priez donc, Peuple de Maraussan, pour que Dieu l'introduise au plus tôt, si ce n'est déjà fait dans les tabernacles de son Ciel.

Là, toujours vivant, *semper vivens*, pour intercéder en votre faveur, pour vous il emploiera toute la plénitude de son crédit ; il montrera et fera valoir aux yeux du Père des miséricordes les stigmates et les cicatrices des luttes qu'il soutint et des combats qu'il livra courageusement, pendant soixante-trois années, pour obtenir votre salut.

Et maintenant saluons cette chère dépouille ; déposons sur ce triste cercueil, avec l'eau sanctifiée par l'Église, notre dernière prière, notre dernière bénédiction.

Requiem œternam dona ei, Domine: Seigneur, donnez-lui le repos éternel, et faites reluire l'éclat de votre lumière sur ses yeux rajeunis et transfigurés, *et lux perpetua luceat ei !!!*

Amen. Ainsi soit-il.

Montpellier, J. MARTEL aîné, imprimeur de Mgr. l'Évêque.

www.ingramcontent.com/pod-product-compliance
Lightning Source LLC
Chambersburg PA
CBHW060638050426
42451CB00012B/2658